MARINES DOCUMENTARY

自分たちを超えてゆく。 **2024**

PHOTO BOOK

JN221613

21 MASATO YOSHII

"野球はチーム競技だが、個々が強くないとやっぱりチームは弱い。
そのために自分自身をよく理解して、
なにができるか、自分の強みをどれだけ生かせるか、そこを大事にして欲しい"

14 KAZUYA OJIMA

" 自分がもっとできると思わないと、できるものもできない。
こんなものじゃないって思わないと、この世界で長くやるには難しい "

8 SHOGO NAKAMURA

"こうなりたいというイメージを持って、
日々の積み重ねやレベルの高い準備をしていく"

52 NAOYA MASUDA

"失敗したり、体がしんどい時もある。
そこはキャリアと引き出しの多さでカバーしていくしかない"

MARINES
NATION
ZOZOMARINE STADIUM
MIZUHO みずほ銀行
京葉銀行
新日本建設
KOITO

17 ROKI SASAKI

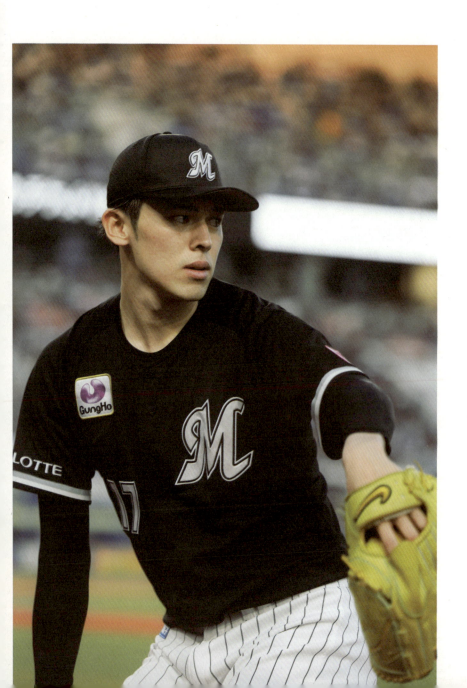

32 TOSHIYA SATOH

47 SHOTA SUZUKI

57 RYUSEI OGAWA

16 ATSUKI TANEICHI

5 HISANORI YASUDA

4 ATSUKI TOMOSUGI

42 C. C. MERCEDES

92 YUKI KUNIYOSHI

0 TAKASHI OGINO

! KYOTA FUJIWARA

35 HARUYA TANAKA

61 DAITO YAMAMOTO

28 RIKU KIKUCHI

93 **RYO YOSHIDA**

40 TAKAHIRO NISHIMURA

46 DAIKI IWASHITA

22 GREGORY POLANCO

7 YUDAI FUJIOKA

25 HIROMI OKA

29 YUJI NISHINO

30 ATSUYA HIROHATA

34 SHUTA TAKANO

3 KATSUYA KAKUNAKA

51 KOKI YAMAGUCHI

63 KOSHIRO WADA

99 NEFTALI SOTO

12 AYUMU ISHIKAWA

10 KYUTO UEDA

56 SHUNSUKE NAKAMORI

50 AITO

38 AKITO TAKABE

19 YUKI KARAKAWA

67 KENTA CHATANI

11 HIROKAZU SAWAMURA

00 **RAITO IKEDA**

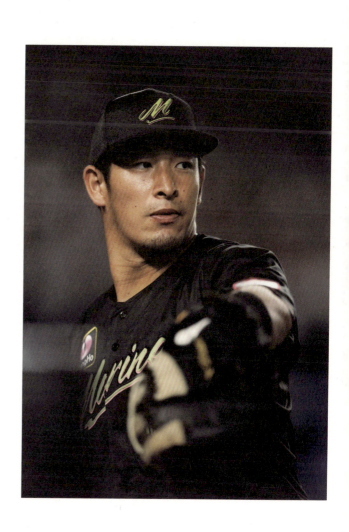

39 SEIICHIRO OHSHITA

36 KOSHIRO SAKAMOTO

91　AKIRA NIHO

41 **DALLAS KEUCHEL**

48 TOSHIYA NAKAMURA

15 MANABU MIMA

66 KEISUKE SAWADA

23 SHINGO ISHIKAWA

60 RIKUTO YOKOYAMA

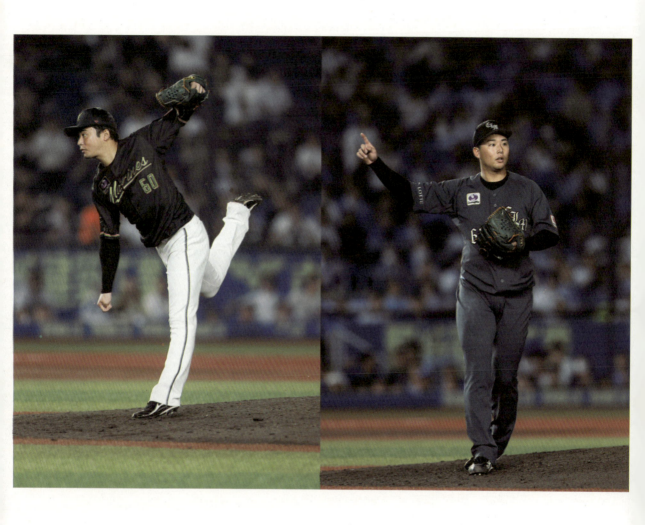

33 AKIRA YAGI

27 TATSUHIRO TAMURA

24 YUSUKE AZUMA

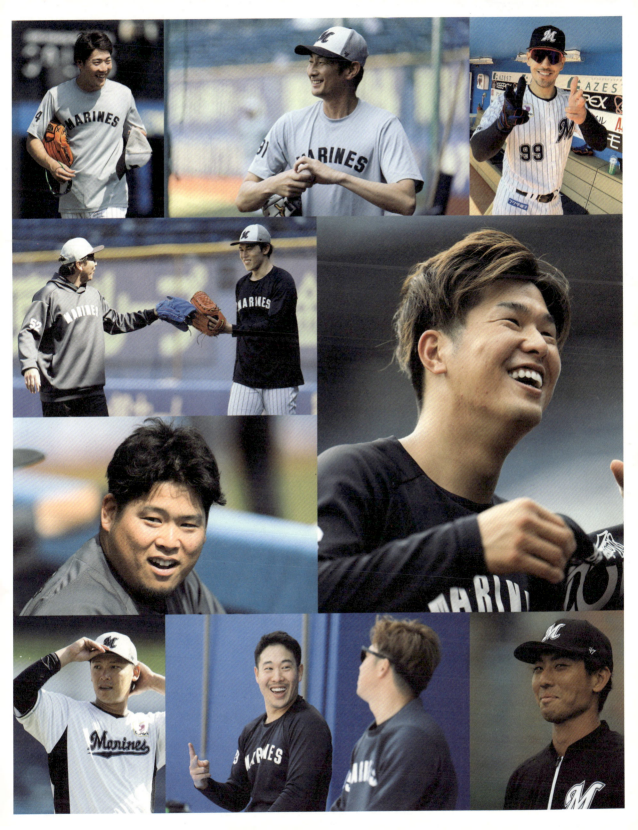

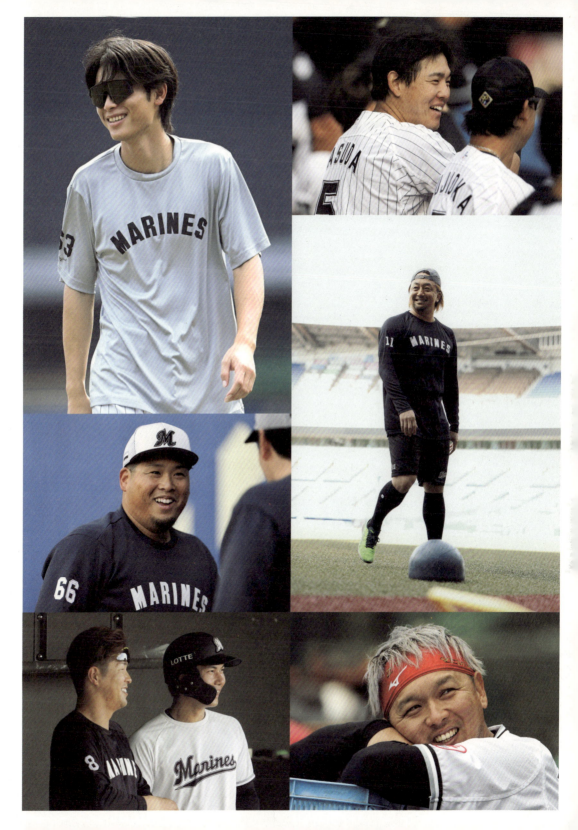

Published on: November 26 2024

Production: CHIBA LOTTE MARINES

Editorial Lead: ANNA TOGASHI [CHIBA LOTTE MARINES]
Design: MASAMI FURUTA [opportune design Inc.]
Photographers: NOBUYUKI ENISHI, NATSUKO KATO, TAKUJI HASEGAWA, YOSHIKI TANIGUCHI and AYAKA KAMADA
Interview: HIROKI SUGIYAMA

Publisher: 303BOOKS
MTG11F 1-3, NAKASE, MIHAMA-KU, CHIBA-SHI, CHIBA, 261-8501
TEL 043-321-8001 / FAX 043-380-1190
https://303books.jp/

Printed by: SHINANO co.,ltd.

落丁本・乱丁本は、お取替えいたします。
本書のコピー、スキャン、デジタル化等の無断複製は著作権法上での例外を除き禁じられています。
私的利用を目的とする場合でも、本書を代行業者等の第三者に依頼してスキャンやデジタル化することは著作権法違反です。

©CHIBA LOTTE MARINES. All Rights Reserved.
©303BOOKS 2024 Printed in Japan
ISBN978-4-909926-39-5 N.D.C.783 208p